명왕성은 행성이 된 것이 정말 기뻤어요.
(명왕성의 배에 커다란 하트 보이죠?)

명왕성은 1930년 미국의
천문학자에 의해 발견된 이후
쭉 행성으로 인정받아 왔어요.

그러던 어느 날,
명왕성은 전화 한 통을 받게 되는데…

애덤 렉스 (Adam Rex)
대략 80킬로그램이고 주로 물과 탄소로 구성되어 있음.
애리조나 투손에서 맨눈으로 관측되며 아내와 아들의 궤도를 돌고 있음.
자신의 적도에 매우 예민함.

로리 켈러 (Laurie Keller)
작업 의자 면적의 94.86퍼센트를 차지하고 있음.
이 책의 삽화를 단 하루에 완성해냄(금성 시간으로).
평행우주에서는 미시간의 집과 멀리 떨어진 곳에서 밴조를 연주하고 있음.

PLUTO GETS THE CALL by Adam Rex, illustrated by Laurie Keller
Text Copyright © 2019 Adam Rex
Illustration Copyright © 2019 Laurie Keller
All rights reserved. No part of this book may be reproduced or transmitted in any form or by any means, electronic or mechanical, including photocopying, recording or by any information storage and retrieval system without permission in wring from the Publisher.
This Korean edition was published by ONE BOMNAL in 2020 by arrangement with Beach Lane Books, an imprint of Simon & Schuster Children's Publishing Division, 1230 Avenue of the Americas, New York, NY 10020 through KCC(Korea Copyright Center Inc.), Seoul.

도서출판 나린글은 어느봄날의 브랜드입니다.
이 책은 (주)한국저작권센터(KCC)를 통한 저작권자와의 독점계약으로 어느봄날에서 출간되었습니다. 저작권법에 의해 한국 내에서 보호를 받는 저작물이므로 무단전재와 복제를 금합니다.

전화 받은 명왕성

명왕성이 들려주는 태양계 이야기

애덤 렉스

행성에 대한 논의에서 무언가 결정되고

로리 켈러

좋아, 그럼 명왕성한테 전화해.

싫어, 난 절대 전화 안 할 거야.

나 쳐다보지 마!

도서출판 나린글

잘난 체 하는 건 아니지만 난 대부분 질소로 이루어져 있어요.

먼지 모르지만
너무 멋져!

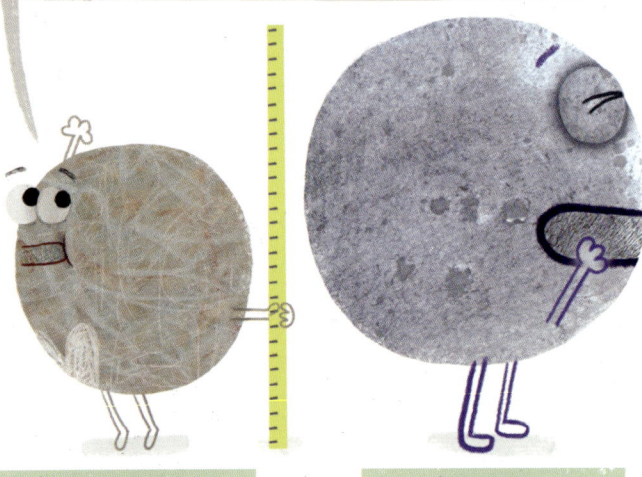
나는 거의 지구의 달 만큼 크고,

명왕성 지름
약 2,370킬로미터

달 지름
약 3,474킬로미터

* 지름은 원의 중심을 지나는 직선 길이를 말해요
지름이 클수록 덩치가 커 보이죠.

정말 춥고,

온도
화씨 영하 369도
섭씨 영하 223도

자세히 보면 "천왕성이 명왕성에게"

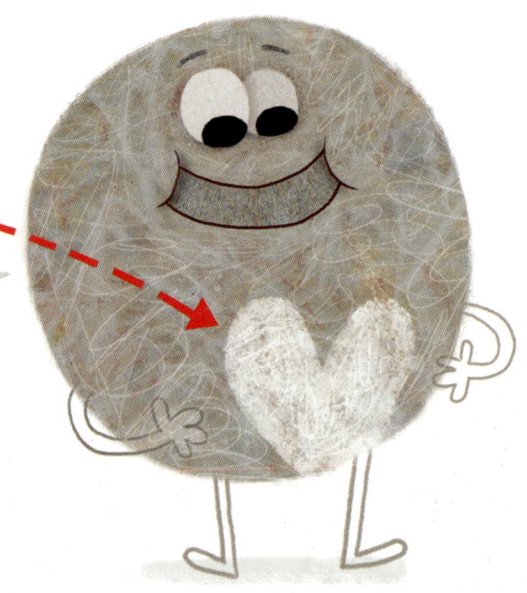
그리고 나는 배에 커다란 하트 무늬가 있어요. 왜냐하면 난 행성이 되었을 때 너무너무 기뻤거든요!

잠깐만요, 전화가 왔네요.

네, 명왕성입니다!

안 그래도 지금 지구에서 온 사람들과 이야기 하고 있었는데, 우연이네요.

미안하지만 이 전화 좀 받을게요.

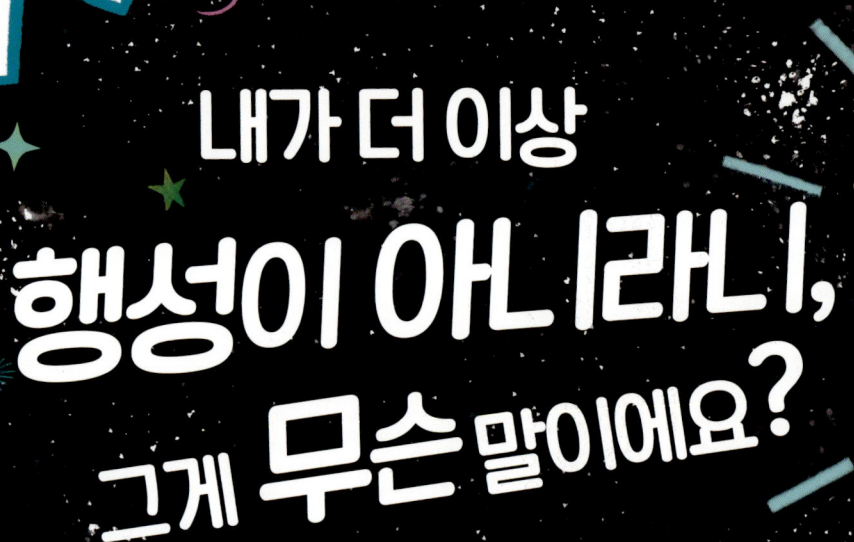

별일 아니에요.
지구의 과학자가 전화했는데
이제 난 행성이 아니래요.

그들은 날 태양계에서 가장 큰
얼음 왜소행성으로 기록해도 되냐고 물었어요.
왜소하다는 건 작다는 뜻이에요.
변덕스럽고 못된 지구의 과학자들,
나한테 어떻게 그럴 수 있죠?

어떻게?!

정말 이런 말은
하고 싶지 않았어요.

미안해요. 여러분은 아마도
진짜 행성을 만나고 싶었을 텐데.
주변을 안내해 드릴게요.

천왕성도 엄청 추워요. 사실 천왕성과 해왕성은 얼음 거인들이라고 불리죠.

그래서 지구의 과학자들은 나를 왜소행성이라고 부르고 싶은가 봐요.

왜 그래, 명왕성? 네가 진짜 특이한 궤도로 돈다는 걸 알고 있어. 그렇지만 이렇게 가까이 온 건 처음인데?

지구의 못된 과학자들이 내가 더 이상 행성이 아니래.

뭐라고?

잠깐만, 내 전화가…

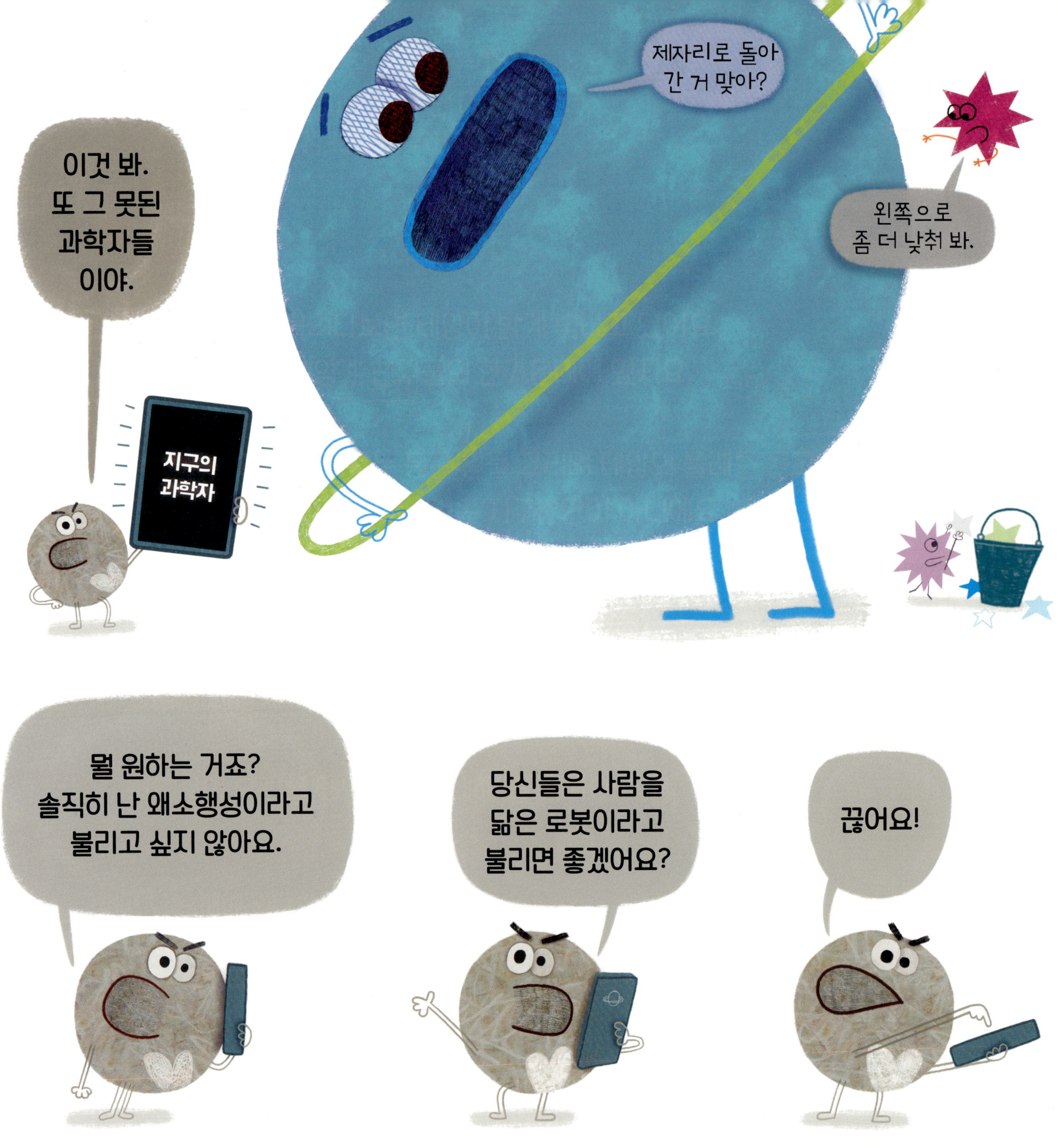

"제자리로 돌아간 거 맞아?"

"왼쪽으로 좀 더 낮춰 봐."

"이것 봐. 또 그 못된 과학자들이야."

지구의 과학자

"뭘 원하는 거죠? 솔직히 난 왜소행성이라고 불리고 싶지 않아요."

"당신들은 사람을 닮은 로봇이라고 불리면 좋겠어요?"

"끊어요!"

난 이만 가 볼게, 천왕성.

너무 흥분하지 마.

다음은 토성과 목성이에요.
그들은 가스 거인들이죠.
이제 난 이 이름들에 끼지 못해요.

아, 이런, 미안해.

자기가 행성이라서 우리보다 잘났다고 생각하나 봐!

세레스는?

세레스는 진짜 크다고!

그리고 태양 주위를 돈다고!

심지어 행성처럼 둥근 모양이야!

그래, 맞아! 그런데 너는 행성이고 왜 난 아냐?

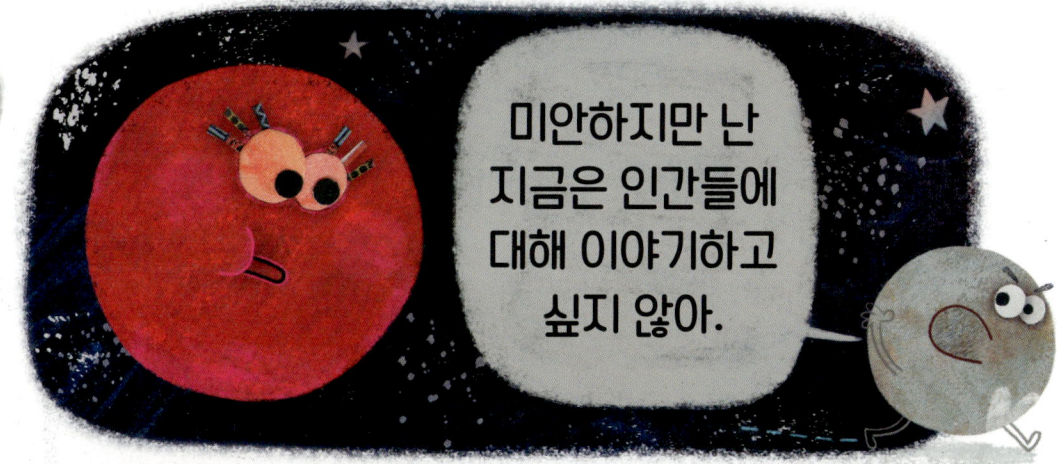

다음은 지구예요. 못된 인간 과학자들이 사는 곳이죠. 그럼 이만 지나가겠어요.

아, 잠깐만!

봐! 저기 지구의 위성인 달이 있어!

위성이 뭐야?

달처럼 행성의 둘레를 도는 천체를 위성이라고 불러. 천체란 행성이나 위성, 소행성처럼 우주에 뭉쳐 있는 덩어리들을 부르는 말이야.

그렇구나.

태양계에서는 목성이 가장 많은 위성을 가지고 있어.

(명왕성의 배에 있는 무늬를 확대)

이것까지 알면 태양계 박사!!

명왕성

내 왜소행성 친구들을 만나 보세요. 세레스, 에리스, 마케마케, 하우메아.

우리 태양계는 46억 년 전에 만들어졌어요.

태양에서 얼마나 멀까
(단위 : 킬로미터)

수성 - 57,900,000
금성 - 108,100,000
지구 - 149,600,000
화성 - 228,000,000
목성 - 778,000,000
토성 - 1,427,000,000
천왕성 - 2,871,000,000
해왕성 - 4,500,000,000
명왕성 - 5,913,000,000

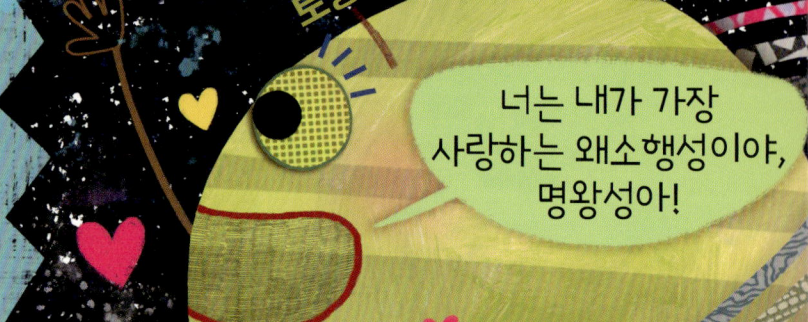
토성

너는 내가 가장 사랑하는 왜소행성이야, 명왕성아!

며칠 만에 공전할까

수성 - 88
금성 - 225
지구 - 365
화성 - 687
목성 - 4,333
토성 - 10,759
천왕성 - 30,687
해왕성 - 60,190
명왕성 - 90,530

해왕성

내가 한번은 좀 빨리 공전해 보려 했는데 등골이 휘는 줄 알았어!!

난 달이나 고리가 없지만 매력적인 미소가 있지. 안 그래?

수성

화성

사실 하나! 토성이 명왕성한테 완전히 반한 적이 있었다는 거!

위성의 개수

수성 - 0
금성 - 0
지구 - 1
화성 - 2
목성 - 79
토성 - 62
천왕성 - 27
해왕성 - 14
명왕성 - 5

우~ 내가 위성 3개만 더 있었더라면 딱 좋았을 텐데!

천왕성

작가의 말

내가 어렸을 때는 9개의 행성이 있었습니다. 그 행성들의 이름은 항상 태양으로부터 가장 멀리 떨어진 작은 행성인 명왕성으로 끝났습니다.

명왕성은 아마추어 천문학자인 클라이드 톰보가 1930년에 발견했습니다. 이름은 열한 살 소녀인 베네티아 버니가 붙였습니다. 그때는 모든 사람들이 명왕성이 행성이라는 데 동의했습니다.

행성은 단어입니다. 그리고 다른 모든 단어들이 그렇듯 모두가 그 뜻에 동의했을 때만 의미를 지니게 됩니다. 우리가 행성의 뜻을 "둥글고 태양의 주위를 도는"이라는 데에 동의한다면 문제가 좀 있습니다.

왜냐하면 천문학자들이 최근에 태양의 주위를 도는 다른 천체들을 발견했는데 명왕성과 마찬가지로 둥근 모양이었습니다. 그들도 행성이라고 불러야 할까요? 행성이 12개가 되어도 괜찮을까요? 지금도 천문학자들은 날마다 태양계에 대해 새로운 것들을 알아 가고 있습니다. 만약 둥글고 태양 주위를 도는 천체가 200개보다 많아진다면 어떨까요?

어떤 사람들은 200개도 괜찮다고 할 겁니다. 여러분도 그런 사람들 중 한 명일 수 있죠.

하지만 2006년에 천문학자들은 행성이라는 단어의 뜻을 다시 정했습니다. 행성은 반드시 태양의 주위를 돌아야 합니다. 또한 둥근 모양이어야 하고 공전궤도 주변에 다른 천체들 없이 깨끗해야 합니다. 이 마지막 조건은 공전궤도에서 행성의 중력이 작은 천체를 빨아들이거나 밀어내야 한다는 의미입니다.

명왕성은 둥글고 태양의 주위를 돌지만 궤도에 여러 천체들이 존재합니다. 따라서 더 이상 행성이 아닙니다. 오늘날의 행성은 수성, 금성, 지구, 화성, 목성, 토성, 천왕성, 해왕성입니다.

예전엔 행성이 23개라는 말도 있었습니다. 그 다음엔 9개, 지금은 8개입니다. 과학은 항상 배워 나갑니다. 여러분처럼 말이죠. 때로는 엄격하기도 합니다. 그러나 과학은 때가 되면 마음이 바뀌기도 합니다. 그것이 강해지는 방법입니다. 그리고 뭔가 새로운 것을 가르쳐 줄 여러분과 같은 호기심 많은 이들을 기다립니다.

내가 뭐라고 불리든 나는 여전히 명왕성이야!

나의 북극성, 마리에게 – A. R.

이 책을 만드는 동안 AJ의 행복한 집에 안전하게 착륙한 행운의 두 우주 고양이, 치즈와 올리브 문에게 – L. K.

나린글 그림동화

전화 받은 명왕성
명왕성이 들려주는 태양계 이야기

제1판 1쇄 2020년 5월 1일
제1판 2쇄 2020년 10월 1일
제1판 3쇄 2023년 9월 15일

지은이 애덤 렉스 | **그린이** 로리 켈러
옮긴이 나린글 편집부
펴낸곳 도서출판 나린글 | **펴낸이** 백수정
도서출판 나린글은 어느봄날의 브랜드입니다.
주소 서울시 강서구 양천로470 SK그레이스힐 B1, 114-10호
전화 (02) 335-1097 | **팩스** (0505) 325-4135
전자우편 hs-writing@naringeul.com
인스타그램 www.instagram.com/naringeul
등록 2015년 7월 21일 | **신고번호** 제2015-000050호
ISBN 979-11-969638-0-4 (73440)
값 15,000원

• 파본은 구입처나 본사에서 바꿔 드립니다.
• 이 책의 판권은 지은이와 어느봄날에 있으므로 무단 전재와 복제를 금합니다.
  이 책의 일부 또는 전체를 사용하려면 양측의 서면 동의를 얻어야 합니다.

이 도서의 국립중앙도서관 출판예정도서목록(CIP)은 서지정보유통지원시스템 홈페이지
(http://seoji.nl.go.kr)와 국가자료종합목록 구축시스템(http://kolis-net.nl.go.kr)에서 이용하실 수 있습니다.
(CIP제어번호 : CIP2020006266)

현재 태양계에는 몇 개의 행성이 있나요?
태양에서 가까운 순서대로 이름을 나열해 보세요.

태양계에서 가장 작은 행성과 가장 큰 행성의 이름은 무엇인가요?

토성과 천왕성의 공통점은 무엇인가요?